### 徐沁怡

## 現職

菲莉雅國際美容有限公司教育主任
碧麗雅儷人殿負責人

## 學歷

2014　建國科技大學美容系暨美容科技研究所碩士
2011　建國科技大學美容系學士

## 經歷

2014　台中市團委會救國團藝術美甲、韓式彩妝、美容丙級講師
2013　山翠川有限公司美容顧問
2013　建國科技大學美容系十年有成畢業傑出校友
2013　艾宓緹時尚整體造型會館負責人
2013　瑪利亞文教基金會公益活動演出—新娘造型走秀造型師與指導
2013　台中市市長盃幸福婚禮在台中美容美髮技藝大賽監察長
2013　台中市婚禮發展委員會國外技術交流
2013　建國科大美容系創業講座講師
2013　台中市婚禮發展委員會委員
2013　台中市女子商業同業公會教育訓練委員會會員
2012　台中市屯區社區大學新娘祕書、藝術美甲講師
2012　明道大學時尚造形學系畢業展特聘評審
2011　國際比基尼小姐全球總決賽御用造型師
2009　「台中市發現 20 號倉庫」攝影比賽御用模特兒
2009　慈明高級中學美麗時尚佳人設計師養成計畫「學生創意成果發表研討會」講師

## 證照

中華民國女子美髮丙級

中華民國美容乙、丙級

英國 City & Guilds 美容師二級國際證照

中華人民共和國四級美容師資格證照

## 著作

2015-2016　《美麗の宣言誌》美容專業季刊　台中：非莉亞國際美容有限公司

2014　建國科技大學《以虎紋應用於人體表演藝術之彩繪創作研究》美容科學研討會論文發表

2013　建國科技大學《以虎之圖紋應用於臉部彩繪創作研究》美容科學研討會論文發表

2013　《大女孩風格手作髮飾》台中：自由時報

2011　建國科技大學《人生演繹—以中部女性對髮型設計認知之研究探討》美容研討會論文發表

2009　教育部人力扎根計畫合作案個人組《以京劇整體造型結合時尚設計之研究》論文發表

## 研習

2016　空污來襲—營養醫學幫您清心養肺健康講座研習

2016　原始點醫學講座研習

2013　「以虎之圖紋應用於臉部彩繪創作研究」刊登於美容科學研討會並發表

2012　行政院青輔會創業知能育成專班研習

2011　Fancy Fac 面具國際美容造型學院高級藝術美甲師結業證書

2011　行政院勞工委員會職業訓練「美容就業學程」修業證書

2011　財團法人紡織產業綜合研究所 - 台北國際花卉博覽會展演活動

2011　將「人生演繹 - 以中部女性對髮型設計認知之研究探討」刊登於美容科學研討會並發表

2010　男子理髮乙級證照班研習

2010　專業高清彩妝術研習

2010　璀璨指甲彩繪客製化研習

2009　時尚 Model 社超模養成訓練課程研習

**獲獎**

2010　台灣金手藝獎新娘創意造型比賽銀牌
2010　大甲鎮瀾宮媽祖盃創彩奇積造型團體競賽最佳創意造型獎
2009　奧林匹克時尚造型組殿軍
2008　全國盃晚宴化妝組特優、創意包頭作品完成組特優

**自序**

　　一個故事造就一個人。因為有你們所以我有所成長，甚至變得更加堅強。

　　從小家裡即從事美髮產業，美髮、美容一步一步地陪我成長與渡過人生的高低起伏，並進一步學習到飾品設計、立體剪裁、服裝設計與造型搭配、藝術指甲、人體彩繪、美姿美儀、藝術表演等知識技能，甚至逐步涉及到美體芳香 SPA、經絡理療、身心靈療癒與諮詢和藝術心理學領域，這些可說是上天所給予最好的安排與恩惠，當然也少不了恩師們的耐心培育與指導。首先感謝黃振生助理教授，於大學時期指導我的專題研究，並帶領我共同開創時尚 MODEL 社，為時尚界增設一個培育人才的新天地；次之，要感謝陪我大學四年成長的高而仕老師，高老師的細心叮嚀讓我在大學時期有一條依循之道，引領我創造充實又樂活的記憶；最後，感恩林清鏡教授，在我就讀研究所時無怨無悔地付出與耐心引領，讓我能順利完成畢業動態展的演出，當時的演出者有廖清心、陳葦如、陳國愷的大力相挺，還有吳牧蓉同學、王鐙寬先生、梁湘雨老師及建國科大美容系暨美容科技研究所全體師生的協助和幫忙，才能讓我完成人生階段性的考驗，這一切可說是得來不易，值得感恩。

　　目前市面上能看到許多前輩、名師的心血之作，銷售成績皆非常亮眼，由此可知新娘秘書、整體造型設計已成為目前市場上的主流。我將學校、業界時期接收到的各個名師精華，融合自我獨創風格，整合出新穎的造型設計，並結合新人婚前的保養、婚禮流程與傳統習俗的要點，讓對於新娘秘書和整體造型設計有興趣者能透過本書了解婚禮前所需做的準備，協助婚禮達到完美的境界。

　　此書能夠問世，需要感謝台中市商業同業公會前理事長游坤貴先生，由於游理事長的推薦才能給了筆者這個得來不易的機會，使筆者能將這些創作結合理論與大家分享，當然要完成這本書可不是只光靠筆者一個人就能獨立完成，特別感謝梁湘雨老師共同操刀，將個人經驗融於本書增添色彩，以及建國科大美容系暨美容科技研究所攝影棚教室的提供，才能讓美麗又帥氣的模特兒們：廖清心、陳葦如、陳國愷、黃建華大方演出，希望本書的經驗、技巧整合能帶給各位更多的發想與創作，讓這份創作能繼續無限延伸～

徐沁怡　謹識

**梁湘雨**

### 現職

髮秀仕快剪專業設計師
碧麗雅儷人殿御用造型師

### 學歷

2011　明道大學時尚造型設計系學士

### 經歷

2014　台中市團委會救國團藝術美甲、韓式彩妝、美容丙級講師

2013　山翠川有限公司美容顧問

2013　艾宓緹時尚整體造型會館御用造型師

2013　瑪利亞文教基金會公益活動演出 - 新娘造型造型師

2012　台中市屯區社區大學新娘祕書講師

2012-2014　髮堤髮藝專業設計師

2010-2012　名留專業剪燙護染沙龍設計師

### 證照

中華民國女子美髮丙級

### 著作

2011　明道大學《克蘭詩—以中部女性對保養品接受度之研究探討》

## 自序

　　整體造型是目前最夯也是最熱門的主流，很高興能在我熱愛的工作中盡情享受。我是以美髮起家，之後逐漸接觸彩妝、造型、整體造型、配飾設計，在從事造型時總是令我充滿熱情與能量，看似簡單的造型，裡面卻深藏著許多不同的技巧、訣竅等著我們去發掘它。

　　感謝有機會讓我與徐沁怡老師合力創作，在創作過程中發覺到許多巧思，望能在不同的角度上給予不同的方針，藉由這次的機會好好地一起揭開新娘秘書另類的新風采。

梁湘雨　謹識

# Contents

# 參、主題式婚禮造型

Chapter 1

認識新娘秘書與文化

## 新娘秘書演化史

其實新娘秘書早在古代就已存在，只不過當時僅存於帝王家族裡，尤其是當皇宮有重大節慶活動或是皇子、公主婚嫁時，皇室家族成員皆由禮部的內侍大臣統籌，專門派化妝師與造型師服務。這些專業人士皆是隨身跟從，主要目的在於幫皇室人員完成當日妝容與造型，通常會事先做好溝通，選定服裝與造型。

英國皇室的卡蜜拉王妃，每次出訪他國時，她的化妝師、髮型師與整體造型師皆會隨身跟從，以隨時保持皇室的高貴與王妃的個人形象。由於卡蜜拉王妃總是能完美呈現正面形象，因此贏得英國人民的心與國際社會的高度肯定。

由於臺灣經融蓬勃起飛，促使 90 年代經濟穩定成長，準新娘對於彩妝、髮型甚至是整體造型上的設計更為講究，隨著市場消費能力與生活品質提升，新娘秘書相關行業也隨之成長，成為目前最受歡迎的新興行業之一。

於清境農場取景，塑造出東方女性的柔美感。

東方風情的藝術情懷，別有一番滋味的婚紗風格。

# 新娘秘書的基本技能

新娘秘書的工作非常競爭，近年來愈來愈多的新娘秘書以低價模式做銷售，形成削價競爭的惡性連鎖效應，若想要異軍突起，除了在創作設計上努力外，基本功力技能更需要強化，當然也少不了口碑的推廣與個人品牌特色經營，除了以上該注意的部分外，其實還有以下一些要點需留意。

## 自我形象的雕塑

人是視覺的動物，這句話一點也沒錯。人們對他人的「第一印象」即所謂的「外貌」，雖然俗話說：「人不可貌相，海水不可斗量」，然而各行各業中的各種職務及身份皆有稱職的專業形象，它代表著每個人的自我品牌特色，一位新娘祕書如何將自我品牌營造得有聲有色，首先必得在外在裝扮上下功夫才行。給予準新娘的第一印象，必然會影響後續互動的順暢度，亦是雙方能不能合作的關鍵。畢竟第一次的接觸多是以視覺感官來打分數，所以建議新娘秘書或是相關造型設計者，要學會自我包裝，才能夠提升專業力與說服力，讓準新娘在第一眼接觸便能產生信心。

其次，有效率及有條理的溝通是身為新娘秘書必備的能力之一，若無法確實掌握準新娘的需求，可能會導致協調上的出入而影響專業，最好是在正式試妝前，就先準備好新娘要求的造型圖片或雜誌拍攝風格，做好充分準備才能降低兩方的認知溝通落差，提升精準度。

俗話說：「顧客至上」，但在整個協調過程中，客戶「想像」的造型妝容與「實際」上合適的造型妝容還是會有些微誤差，通常顧客本身的條件與顧客自我想像的認知是有落差的，每一位女性都有自我獨特的條件，並非喜歡就等於合適，此時身為專業新娘秘書的妳，更要以專業的判斷能力，來引導準新娘做出最適合自己的彩妝、髮型、造型風格與禮服上的挑選，才能使整體造型呈現更臻完美。

具有女王風範的時尚新娘造型。

圖左拍攝場景於台中向上市場，圖右為台中市政府取景，風格皆為典雅、優美。

　　新娘秘書一職屬於服務業，會遇到各種形形色色的客人，有時候會遇見自我主觀意識比較強烈的準新娘，這時候在溝通技巧上要以「具建設性」與「貼心」的說法來說服新娘，這樣的溝通技巧比較婉轉，也可提升新娘對於新娘秘書的信任度，例如：某位準新娘熱愛藝人徐若瑄的婚紗妝感和髮型設計，但因為準新娘臉型的五官與髮質條件上的差異，故不適合，但她卻仍然很堅持，若直接對客人說：「不好意思，沒辦法喔，這造型不適合妳」卻不說明理由，很容易影響後續服務上的溝通，導致妳所提供的專業建議不被接受。但如果我們能夠在口語上轉換個方式述說，「這個造型真美，建議可以依妳的臉型做些微的調整，可以使妳在整體上顯現更加亮眼美麗」就比較好了。

　　沒有女人不希望讓自己更美，不同的說話方式，可帶來不一樣的效果，這也是新娘祕書建立好口碑的不二法門。當然，在成功溝通前別忘了要「用心聆聽」，清楚了解對方的需求才能抓住問題點與方向，對症下藥，同時能解決顧客問題及提升自我專業能力。

▌各種整體的造型風格拍攝—時尚前衛感。

▌各種整體的造型風格拍攝—復古柔美。

## 婚前基礎保養

俗話說：「愛美是女人的天性」，但其實「愛美是男人與女人共同的天性與權利」，不管是準新娘或是準新郎都必須做好婚前的保養與調理，才能使婚宴當日展現出最完美無暇的一面。新娘秘書除了與新人溝通、設計造型，也有提醒新人如何實施婚前保養的責任，如何讓準新娘變得更美麗動人，身為新娘秘書一職的妳更需要深入了解，從這些小細節開始為新人帶來更多的專業服務與完整性。一般而言，在婚前保養大概分為頭部、臉部及身體三大類：

# 1/ 頭部護理

### (1) 清潔與養護

所有保養程序中以「清潔」最為重要，良好的頭部清潔包含洗髮、去角質、潤絲、護髮，一般在洗髮過程中建議先在手肘內側試水溫，以約38℃略高於體溫的溫水，由髮尾方向漸進往頭部沖濕，再擠些許洗髮乳清潔頭髮。洗髮過程建議利用指腹，以順時針螺旋方向按摩，可減少頭皮的傷害，也能促進頭部血液循環，使頭部在清潔之餘同時達到神經與細胞放鬆的狀態。如果有出現頭皮發炎、紅腫、頭皮屑的問

指腹健康洗髮，促進頭部循環與清潔。

題，建議避免使用含有矽靈的洗髮乳，可在溫和的清潔品裡添加單方精油—有機大西洋雪松、有機檸檬，緩和發炎與退紅，使頭皮達到放鬆，也適合壓力過大的新人。

選用弱酸性潤絲產品、護髮品養護髮絲，使頭髮更加健康有光澤。

頭皮跟人類皮膚一樣，都有毛孔需要呼吸，有一定的生長與代謝週期，一般皮膚自然代謝時期約28天，頭皮也不例外，其角質層亦與皮膚一樣會隨著受到空氣、氣候、個人飲食習慣、生活作息與外在因素等影響，導致頭皮出油、毛孔阻塞、毛囊炎等頭皮狀況，除了定時的清潔以外也要注意頭部的角質是否有固定做清除，畢竟每個人的髮質、髮況不同，在選用角質、潤絲與護髮產品時，必須先了解自我本身的髮況與條件，才能塑造出一頭烏黑亮麗的秀髮。

(2) 穴道按摩與舒壓

「結婚」一事相當繁瑣，許多細節需要新人自行拿捏、討論，家族的親友也可能會用各種意見「轟炸」新人，加上平日的工作壓力，使得新人在這段時間的壓力大幅增加。

壓力成了累積病痛的起始點，壓力過大導致腦壓過高會造成偏頭痛，另外容易失眠不易入睡、在入睡時容易多夢、血壓過高或偏低等，也都有可能造成長期偏頭痛。若以藥物做控制只能治標、應急，症狀的產生都有原因，應該找出真正的病因才能治本，最簡便有效的就是「穴道按摩與舒壓」，即現今的「頭部 SPA」。

在美髮領域，頭部 SPA 的課程多以洗髮、潤絲、護髮、頭皮護理為主；美容領域則多以頭部指壓、頭刮、肩頸紓壓或耳燭療程等，做一系列的搭配，不論是美容或美髮領域，不外乎是藉由精油與手技操作來舒緩頭部。如果有時間或費用上的考量，建議也可以在家自行穴道按摩 DIY，通常按壓頭部的穴位多以手指指腹施力，為求便利，市面上出現了五花八門的頭部按摩器，可藉由這些輔助器具讓自己更方便操作。

利用不同的輔助器使頭部按摩更加簡易與省力。

頭部主要穴位可分為百會穴、後頂穴、風府穴、啞門穴、風池穴、天柱穴六個穴點。針對每個穴點的分布位置與功能於下列圖表說明：

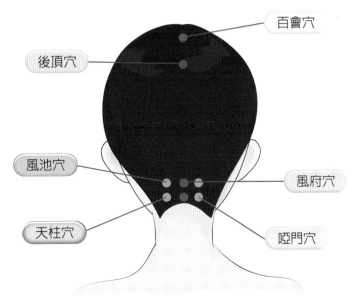

頭部穴位圖。

表 1-1　頭部穴位功能分析表

| 穴位名稱 | 主治功能 |
|---|---|
| 百會穴 | 具有熄風醒腦、升陽固脫之功效，是健腦益智要穴，對頭痛、眩暈諸症治療效果甚爲顯著。 |
| 後頂穴 | 長期偏頭痛、容易眩暈、煩心或失眠者多按此處穴位能有效改善症狀。 |
| 風府穴 | 主治頭痛、目眩、鼻衄、咽喉腫痛、中風不語，以及癲癇、精神分裂症，神經性頭痛、流行性感冒等症狀。 |
| 啞門穴 | 針對舌緩不語、頭重、頭痛、癲癇、有嘔吐現象爲主要的舒緩強項。 |
| 風池穴 | 主治頭痛、頭暈、傷風感冒、鼻淵、鼻衄、目赤腫痛、迎風流淚、夜盲症、耳鳴、耳聾、頸項強痛、落枕、蕁麻疹及神經衰弱、癲癇、高血壓、甲狀腺腫大，電旋光性眼炎、視神經萎縮等。 |
| 天柱穴 | 具有改善肩膀僵硬、頸椎酸痛、落枕、五十肩、高血壓、目眩、頭痛、緩解眼睛疲勞等症狀功能。 |

## 2/ 臉部修護

### (1) 皮膚檢視

皮膚是一張包圍身體的薄膜，經由特殊功能的組織構成，是人體最大的器官。皮膚細胞在人類一出生就開始分化，除了表皮、真皮與皮下組織之外，也有指甲、毛髮、汗腺等構造來進行皮膚的生理機能。

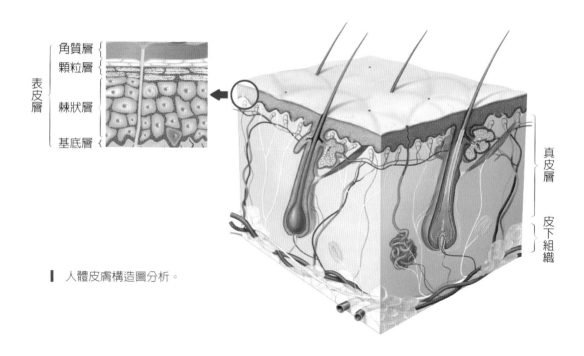

角質層
顆粒層
棘狀層
基底層
表皮層
真皮層
皮下組織

人體皮膚構造圖分析。

皮膚的構造上分為表皮、眞皮與皮下組織三大區塊，表皮層裡面又可分為角質、透明、顆粒、有棘、基底層五層，唯獨手掌與腳掌才有透明層，由無核的細胞體組成，內含角質素，沒有毛髮生長。血管與淋巴分佈於眞皮層提供肌膚養分，除此之外，也有膠原蛋白纖維與彈力蛋白纖維補給肌膚所需要的彈力以保持年輕，避免老化。

一般皮膚分爲中性、乾性、油性、混合性、敏感性五種膚質。

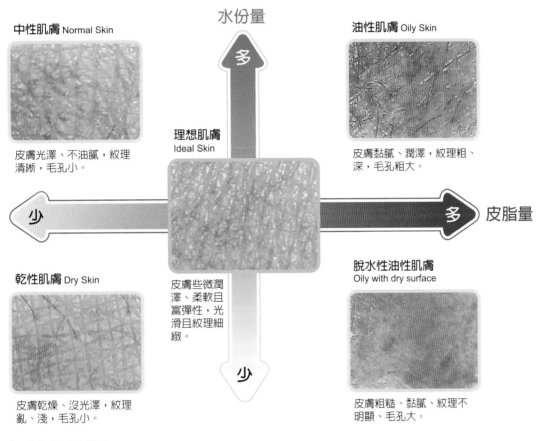

水份量

**中性肌膚** Normal Skin

皮膚光澤、不油膩，紋理清晰，毛孔小。

**理想肌膚** Ideal Skin

**油性肌膚** Oily Skin

皮膚黏膩、潤澤，紋理粗、深，毛孔粗大。

多

少　　　　　　　　　　　　多　皮脂量

皮膚些微潤澤、柔軟且富彈性，光滑且紋理細緻。

少

**乾性肌膚** Dry Skin

皮膚乾燥、沒光澤，紋理亂、淺，毛孔小。

**脫水性油性肌膚** Oily with dry surface

皮膚粗糙、黏膩、紋理不明顯、毛孔大。

臉部類型分類圖。

中性肌膚的皮膚油水含量較爲平均，pH 值在 7；乾性膚質的油水含量比較少，較容易產生皺紋，是導致皮膚快速老化的其中一項主因。油性肌膚皮脂分泌旺盛、毛孔粗大，容易滋生細菌或引發痤瘡（俗稱青春痘），在清潔上需特別加強並保持臉部的乾爽，避免以手碰觸臉部。混合性肌膚是以海島型氣候為主的臺灣最常見的肌膚類型，T 字部位偏油、兩頰偏乾；而敏感性膚質是近幾年來逐步增加的皮膚類型，除了個人體質因素，汙染源也具有相當大的影響，如：空氣汙染，地球的臭氧層被破壞導致氣候強烈改變，這種氣溫急速變化造成人體皮膚抵抗力下降，外觀上會有明顯的紅色斑點、紅色塊狀，像圖騰般分佈於臉上。

不同類型的肌膚，形成因素與先天的遺傳、環境變遷、氣候改變、個人飲食習慣、日常生活作息等內外因素有關，身為新娘秘書，必須能準確判斷準新娘的皮膚類型，才能給予最好的保養建議，並挑選最合適的化妝產品。

(2) 保養品選擇

為了 hold 住皮膚避免持續老化，日常保健與養護是關鍵，保養品的選購可說是一大學問。市面上所販售的保養品琳琅滿目，並非每一項熱銷的產品就

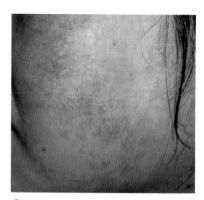

正在過敏的臉部皮膚，呈泛紅、腫脹、皮脂膜薄、有些許紋路。

一定適合自己，需要先了解本身皮膚的屬性與特質，如：皮膚類型、皮膚狀況、年齡與工作環境，再從中挑選最適合自己的保養品，才不會花了錢又沒對症下藥，得不償失。

皮膚偏乾性者，建議可以極小分子、高保濕因子成份的化妝水、精華液等相關保養品做導入及養護，促使臉部血流量與血流素增加，讓臉部血液循環更加暢通，提升臉部保水度，使之更加紅潤有光澤。

偏油性肌膚者，應該選擇較清爽、同時具有控油及具有保濕力的產品，使肌膚能適時有效的抑制臉部皮脂分泌，並提供充足水份，以達到皮膚雙贏的效果。混合性肌膚應該分區做保養，不管是面膜、化妝水、乳液、精華液等，盡量在油性部位選擇控油能力較好的產品使用，兩頰處則以高保濕訴求為原則，別把單效果產品做全臉使用，這樣容易造成皮膚的負擔。

目前我們說的皮膚老化即皺紋的產生，一般皺紋可分為「假性皺紋」、「表情紋」、「暗沉皺紋」三大類：「假性皺紋」通常都是極度缺水所造成；「表情紋」可分為「靜態」與「動態」兩種，長期臉部表情過多會形成動態紋，如：抬頭紋、法令紋；另外「暗沉皺紋」則是因為臉部缺乏再生動能和活力激素，以及長期熬夜、睡眠不足、生理不適等因素結合反應於臉部。

如果想要在短時間內又有效地改善「表情紋」，建議可挑選含有五胜肽、六胜肽的類肉毒抗老除皺成分，舒緩並改善臉部的紋路。針對缺水所形成的「假性皺紋」，可選擇具有高保濕力的成分，常見的有：多醣體、玻尿酸、NMF、尿囊素、尿素誘導體、神經醯胺等，幫助肌膚快速生成膠原蛋白及彈力蛋白，使肌膚呈現緊實與彈力，改善因缺水所形成的皺紋膚況。通常來說，「暗沉皺紋」的成因有一大部分與自我身體機能有關，因此除了外在的美化，體內的淨化與保健更為重要，身體也需要獲得滋養與調理。

# 3/ 身體滋養與調理

## (1) 外在保養

進行身體保養前，必須先了解自己身體的膚質與類型，當時的季節和氣候也是考量因素，而講到保養，大多只重視臉部，卻忽略了脖子、頸部、身體與四肢等可能會露出在婚紗禮服外的部位，故建議在婚前約二至三個月時，每二至三天，洗完澡將身體擦拭乾淨，之後再以乳液擦遍全身，並以手指指腹做重複螺旋指壓，不僅能促進乳液吸收，更能帶動肌膚的血液循環，使肌膚獲得滋養，變得細緻光滑。通常大腿內側的浮肉是一般大眾女性最煩惱的區塊，除了養成平時多擦拭保養品的習慣外，更要加強運動的質與量，如抬腿、空中踩腳踏車等，都是能在睡前操作的簡單運動，使腿部線條更加優美。另外，因為腿部有許多穴道，擦身體乳液的同時可指壓腿部穴道（如：委中穴、足三里穴），藉此機會讓肌肉舒壓，還能有效消除水腫，以減少婚宴當日長時間穿高跟鞋造成的足部不適。

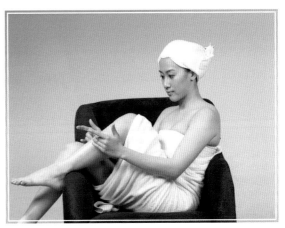

▎ 挑選適合身體的滋潤產品，放於手掌中勻開再均勻擦於全身。

▎ 除了均勻擦於全身，最好以螺旋方式促進保養品快速吸收，改善肌膚乾荒所造成的搔癢困擾。

最容易曝露出女性年齡的部位，除了臉部，關鍵就在於頸部、雙手和雙腿。頸部有著氣管、食道、呼吸系統、微血管等器官，包覆的肌肉少又薄，時常曝曬在自然的紫外線下及冷風的吹襲，促使體內膠原蛋白和彈力蛋白流失，故老化速度比臉部更快，更容易顯示出年齡的差異。而雙手和雙腳會因季節變化呈現出兩節式現象，如：夏季天氣過於炎熱，衣著難免較為曝露，露出衣服以外的部位就容易受到紫外線曝曬，不僅曬黑，嚴重時更可能曬傷，長期的紫外線曝曬也會造成老化和皮膚癌危機。

會影響人體的紫外線有 UVA 和 UVB 二道不同光波，一般紫外線 UVA 波長較短，容易造成皮膚晒傷嚴重甚至會造成皮膚癌；UVB 波長較長，晒後會使皮膚黑色素細胞增生容易變黑。勤擦防晒產品並適時的補強，是隔絕強烈光害的有效手段，防晒產品可分為化學性防晒及物理性防晒兩種，物理性防晒成分可反射紫外線，化學性防晒成分則可以吸收紫外線。SPF、 PA 都是防晒產品的係數單位，前者是針對 UVB 的防禦係數，數值愈大，可延緩肌膚被晒傷的時間愈長；後者是針對 UVA 的防禦係數，+愈多，可延緩肌膚被晒傷的時間愈長。必須依照個人需求與條件挑選合宜的防晒品，適時的補給防晒產品才能隔離紫外線帶來的傷害，沐浴時也要記得使用卸妝產品，使婚禮當天呈現出最完美無暇的美肌狀態。

此外，大部分的準新娘在婚前因忙於籌劃婚禮，故壓力、情緒、身心靈都極為疲乏，有時甚至會影響泌尿系統的正常運作，建議可使用含有溫和不刺激的有機花梨木、有機檸檬等純天然成分的私密清潔產品，能避免因外在與內在的影響而受到感染。

| 手臂時常暴露於陽光底下，更需要加強產品的保濕度與潤澤度。

| 滋養產品搭配手技操作，能預防頸部肌膚透露出年齡。

(2) 體內淨化

俗話說：「有好的身體才有長久的財富」，健康的身體需要日常的保健與調理。尤其女性，平時在飲食最好避免冰品、冷性與刺激性食物，如：油炸類、辛辣類、寒性蔬菜水果類（如：葡萄柚、蓮霧、西瓜、冷筍、大白菜、苦瓜、冬瓜、蘆薈等）、菸酒類，才能降低女性白帶的產生，以及抽筋、手腳冰冷、暈眩症狀、身體循環差所造成的氣虛現象。

如果體質偏寒者建議多以食補來暖胃，去寒補氣，如：四物燉排骨。四物被稱為婦人病的聖藥，是補血、行血、活血的主方，主要由當歸、熟地、川芎及芍藥組成。當歸可減輕經前症候群的疼痛、腹脹、陰道乾澀及憂鬱；川芎可抗菌消炎，調節子宮收縮，可減輕乳房不適、焦慮及沮喪等症狀，提升細胞吞病原體的作用；芍藥有養血調經、治陰虛盜汗之效；熟地黃則可補血強心，幫助滋養。四物不但可滋補血氣，紅潤臉色，更可幫助肌膚光滑，防止老化。有時候坊間的四物湯配方中還會添加人參及杜仲之產品，不但具備四物湯傳統功效，更能消除女性經常性的腰痠、背痛、肩胛疼痛與不適的疲勞感。

▎大白菜，感冒、虛寒者避免食用。

▎蓮霧，體質偏寒避免食用。

▎四物：上方左川芎、右當歸，下方左白芍、右熟地。

▎經由火侯熬煮後的四物湯精華，是女性最佳保健聖品。

唇彩可選用霧狀唇膏增加氣色，避免脫妝。

適時補妝使新娘妝容呈現最完美狀態。

## 專業用具的強化

「工欲善其事，必先利其器」，從事新娘秘書一職，除了專業技能外，更需要找到「對的」產品。在彩妝的挑選時盡量以「防水」及「具持久度」兩大訴求為原則，因為在婚禮當日，拜別父母時新娘會因為情緒激動而導致妝容脫落，所以眼彩部分建議先以眼影膏打底，顯色度不僅比一般粉質眼影效果好之外，更能延長妝容的持久度，而睫毛膏、眼線筆、眼線膠筆、筆狀眼線液等眼部產品都須注意。

在底妝上來說，除了新娘本身的膚質外，也必須先了解婚禮宴客的場地、當時的季節與氣候概況。若遇到夏季，婚禮又在戶外或是流水席就特別要注意底妝的細膩度，夏季高溫潮溼，容易刺激皮膚汗腺頻繁出汗出油，使皮膚毛孔粗大，導致脫妝現象，在上粉底前需先依照新娘的皮膚狀況做好妝前保養，可挑選一些極小分子、高保溼因子的化妝水、精華液、安瓶等相關產品做使用，讓上妝後膚質能服貼有光澤，並適時地以蜜粉餅、兩用粉餅、蜜粉補妝，保持妝容的完整性。

唇彩可分為口紅、唇蜜兩類，口紅有粉質、油質兩種，粉質就是我們俗稱的「霧狀唇膏」，也是近幾年極流行的彩妝品，有的唇彩訴求防水、不掉色，這些產品都能夠增添新娘在整天婚宴上的好氣色，亦是新娘秘書最佳的好幫手。

# 了解婚禮流程與規劃

新娘秘書既有「秘書」二字，便不僅僅是化妝造型，也應了解婚禮流程，為新娘設計合宜妝容，並擔任從旁輔助的角色，以確保新娘全日的表現和妝容都完美不出錯。

## 訂婚流程

在此以傳統訂婚流程為主，依地區不同可能有所差異。新娘秘書必須事先與新人確認完整流程以及化妝人數，才能估算時間。

## 1/ 祭祖

男方在出發前先祭祖，祈求姻緣美滿。

## 2/ 出發

(1) 訂婚當日男方攜帶六禮或十二禮的聘禮，待鳴炮後出發前往女方家。

(2) 到女方家的人必須由男方家裡以年長親友擔任（最好男生）；人數配置為父、母、準新郎＋親友（共 6、10 或 12 人）。

(3) 人數／禮車數須為雙數，避免 4 或 8 的人數，禮車數一般為 2 或 6 輛。

(4) 通常早上 11：00 前為雙方戴戒指的時間，男方應提前一小時到達。

▌ 訂婚當日男方攜帶聘禮至女方家。

▌ 男方十二禮：大餅、盒仔餅、香炮燭金、六色糖、四金、女方頭尾禮（以上為六禮）、紅酒兩打、麵線、糯米砂糖、豬肉或火腿、醃雞、喜花。（圖片取自錦芳結婚百貨網站）

## 3/ 迎納

(1) 男方納聘車隊到女方家前約一百公尺處時「鳴炮」，女方也「鳴炮」回應。

(2) 媒人先下車，其他人接著下車；新郎最後由女方家幼輩開車門請出（新郎需要給幼輩開門並包紅包禮）。

## 4/ 介紹

男方親友依序進入女方家，媒人正式介紹雙方親友；須先介紹男方給女方認識（女為尊）。

## 5/ 納徵

(1) 男方工作人員抬「行聘禮品」進客廳，女家接受聘禮賞予紅包（扛伕禮／車伕禮），並將聘禮一一陳列。

也有以現金、支票為聘禮，通常以地區習俗為主。

雙方家長將聘禮拿起來並合照留念。

(2) 媒人居中將聘禮點交女方家長，女方親友將聘禮收好，並在神明桌上陳列供品。

## 6/ 奉甜茶

(1) 女方長輩請男方親屬依長幼入座，新郎居末座。

(2) 新娘此時由一位福氣婦人牽引出堂，捧著甜茶向男方來賓一一敬茶，媒人隨旁唸吉祥話祝福。

## 7/ 壓茶甌

片刻後，福氣婦人再牽新娘出堂收茶甌（杯），男方親友將紅包捲起放入杯中（男方家長及準新郎的紅包須比親友多一點，約 600、1000、1200，以雙數佳）。

# 8/ 掛手指

(1) 戒指：分金戒，銅戒用紅線相繫（取同音，意同心，可用鑽戒取代）。

(2) 時間到時，由福氣婦人牽引新娘至大廳。

(3) 準新娘面向外坐在正廳中的高椅上，腳放矮椅上，將雙腳墊高。

(4) 戴戒指，先戴新娘中指再戴新郎中指（通常只套到第二指節），媒人唸吉祥語。

▍ 新娘坐於大廳中，雙腳踏上小板凳將雙腳墊高。

▍ 新郎幫新娘戴上項鍊。

▍ 交換戴戒指，新郎先幫新娘戴，再交換。

▍ 新郎幫新娘戴上耳環。

(5) 準婆婆替新娘（準岳母替女婿）戴上項鍊或手飾，以示見面禮之意。

準婆婆替新娘戴上手鍊。

準岳母替新郎戴上項鍊，以示見面禮之意。

準婆婆替新娘戴上手飾

準岳父替新郎戴上項鍊，以示見面禮之意。

(6) 戴完訂婚戒指後，媒人提出雙方改換稱呼。先由準新郎對女方家屬一一改口稱呼過一次，再由準新娘對男方家屬同樣改口稱呼一次。

## 9/ 祭祖

點「排香」兩對，女方父母及準新人各一，共四份。由女方父母拜神明、祖先，並告婚事已定，祈求保佑。香柱插入香爐時，一次插定不可重插（忌諱重婚之意）。

## 10/ 女方回禮

(1) 女方回禮：包括禮香、禮燭、禮炮各一份，和幾盒喜餅，以及回贈新郎的六或十二件禮物。

(2) 若聘金退回或只收小定，由媒人自女方家長手中接下，轉交男方家長。

## 11/ 媒人禮

媒人禮若干，比女方家稍多（女方家可回送喜餅即可）。

## 12/ 訂婚宴

(1) 訂婚儀式完成後，女方設宴。

(2) 用餐快結束前（即上甜點、水果之前的一道菜），男方要準備壓桌紅包給女方。男方不向女方招呼，就要先行離席，因為忌下聘之事再來一次（送客不相辭，不說再見，以免滋生枝節）。

## 13/ 告祖禮

男方回家後應由父母或長輩陪同焚香祝禱，稟告祖先及神明。

### 結婚流程

以下為包含迎娶之傳統結婚流程，依地區不同可能有所差異，新娘秘書必須事先與新人確認完整流程，以及化妝人數，才能估算時間。

## 1/ 祭祖

男方在出發迎娶前先祭祖（男方家在婚禮前一天，要祭拜天地祖先，告知有婚禮將舉行，依八字，房屋座向拜床母）。

## 2/ 出發迎親

(1) 出發前，新郎應先分發紅包給一同前往接新娘的工作人員。

(2) 迎娶車隊：車輛雙數為宜，若遇過橋或另一迎親隊伍則放排炮（忌 4、8，6 的倍數最佳）。

(3) 迎娶人數：新郎媒人及親朋應 6 人或 10 人以上。

開車出發準備前往女方家迎娶。

## 3/ 鳴炮

迎親車隊到達新娘家前，應燃炮通知，女方也燃炮回應。

## 4/ 拜轎

禮車至女方家時，女方家一男童捧著盛滿橘子或糖果瓜子的茶盤，開車門請新郎下車（新郎應給男童開門紅包禮）。

## 5/ 討喜

新郎手持捧花，到新娘的房間，此時新娘的姊妹及女性朋友要阻攔新郎，可提出問題要新郎回答，通過考驗才讓新郎見新娘；或新郎與女方家人見面問候一番後，給予紅包，手持捧花到新娘房間接新娘。

新郎新娘拜別父母，以雙腳下跪，以示感謝養育之恩。

## 6/ 拜別

祭拜神明祖先、拜別父母，感謝父母養育之恩，並由父母蓋上頭紗。新娘與新郎應要叩拜父母道別。

## 7/ 新娘上禮車

(1) 由好命婦人牽新娘，頭上以竹篩或黑傘遮蓋，護新娘入車內。

(2) 新娘拿 2 把扇子，扇子各包上紅包，車開動時，新娘丟下一把扇子由新娘的兄弟拾起（意：丟掉少女習性，準備做好人婦）、帶走一把扇子（代表丟掉不好的壞習性，把好的帶去）。

父母幫新娘蓋頭紗，並起身道別。

## 8/ 潑水

所有人在離開女方家時都不能說再見，新娘母親待禮車開動後，應將一碗清水潑向禮車，代表女兒已是潑出去的水。

## 9/ 報喜

到達男方家門時，迎親隊及男方家人燃炮慶賀。

將新娘扶入車內入座，入座時需一次坐穩，避免多次移位。

## 10/ 入門

(1) 禮車到達新郎家時，由小男孩捧兩顆橘子（或蘋果）開車門，新媳婦下車前應摸一下，並給一個紅包（意：祈求吉祥平安）。

(2) 下車時，由一好命婦人或媒人，持米篩或黑傘撐在新娘頭上，牽新娘進門。新娘進門時切記不可踩門檻，應跨過。

## 11/ 敬茶祭祖、拜高堂

新娘進門後，先敬茶上香祭拜神明祖先，拜高堂（新人一拜天地，二拜高堂，夫妻交拜，送入洞房），接著新郎護送新娘入洞房。

新娘入車就坐後需將扇子往車窗外丟棄，意丟掉不好的習慣；另一把則帶至夫家。

## 12/ 禮成

(1) 入洞房後，將米篩放在新床上（意：會生子）。倆人坐在圓凳上，二張圓凳的各一支腳椅，用一件褲子的兩條褲管套入（意：未來將同心協力似同穿一褲），然後新郎揭開新娘的頭紗，飲交杯酒，一起吃甜湯圓（意謂早生貴子）。

(2) 新娘未脫下白紗前，忌坐在床上（避免懷孕時易害喜得厲害），其他親友也不宜坐在新床上。

新娘新郎交換吃湯圓，意指早生貴子。

## 13/拍全家福

可在家裡面或喜宴開始前或送客後，拍攝全部親友的合照。

## 14/參加喜宴

準時入席，賓主盡歡。

## 15/歸寧

結婚後，新婚夫妻第一次回娘家，女方家長宴請準女婿，當天必須在太陽下山之前離開娘家。

在開宴前全家大合照，以示留念。

# 新娘秘書技能秘章

# 工具與前置作業的準備

　　工欲善其事，必先利其器，選用良好並合適的工具，才能事半功倍，讓作品完美呈現並展現專業度。以下為髮型與彩妝所需準備的工具材料：

髮型

噴霧定型液

塑型品／髮蠟、髮泥

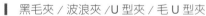

黑毛夾／波浪夾／U型夾／毛U型夾

專業電熱捲

黑色橡皮圈

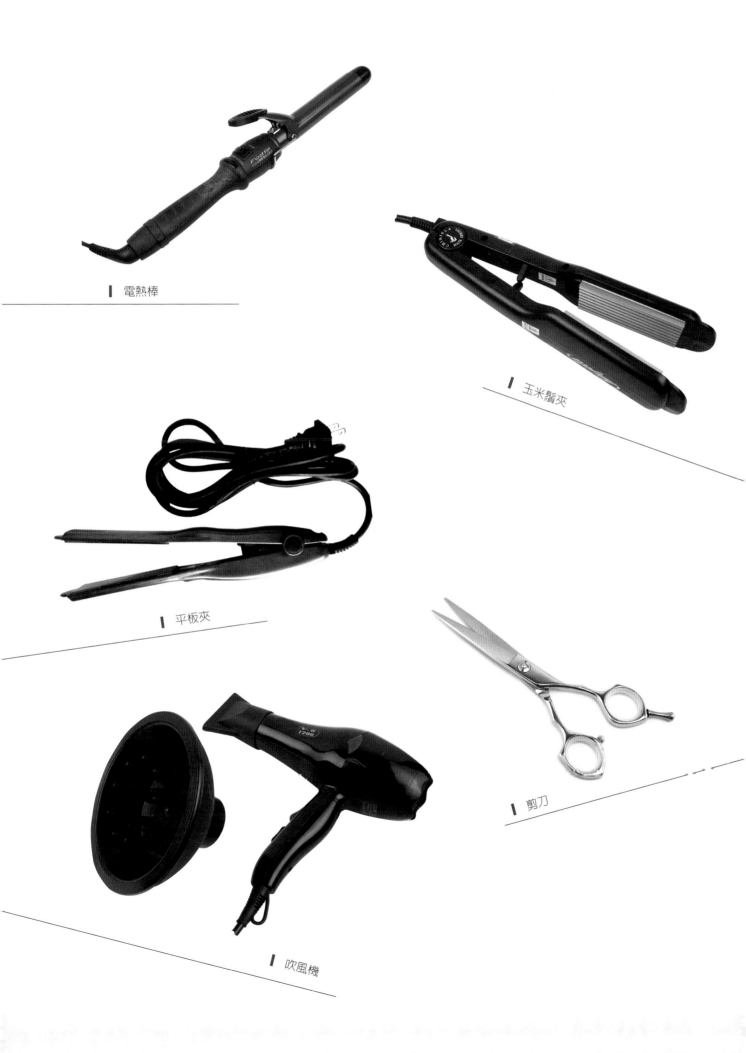

電熱棒

玉米鬚夾

平板夾

剪刀

吹風機

▌S 鬃毛梳

▌寬板梳

▌橢圓鬃毛梳

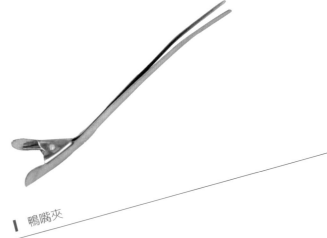

▌鴨嘴夾

▌黑色鬆緊帶

尖尾梳

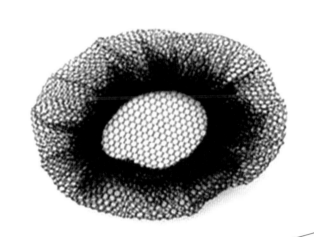

髮網

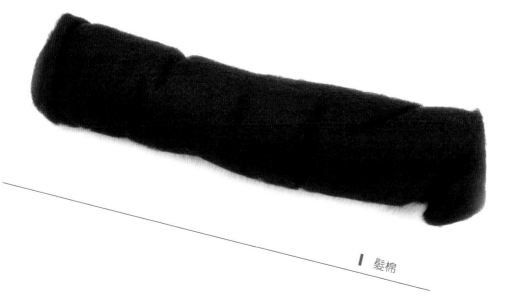

髮棉

彩妝

▎粉底液／粉底霜

▎蜜粉餅

▎粉底膏／蓋斑膏

▎眼影膏／粉（顆粒／粉末）

唇筆／唇蜜／脣膏

眼線筆／液／膠

假睫毛膠

假睫毛

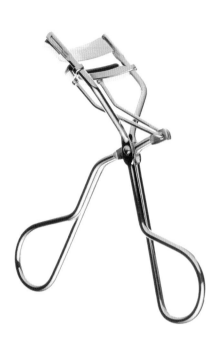

睫毛捲曲器

睫毛膏

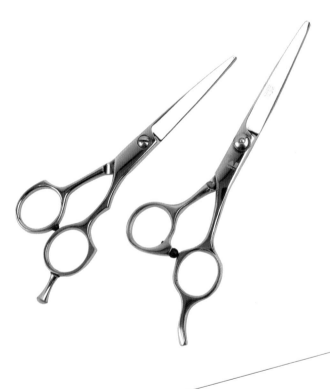

長柄剪刀

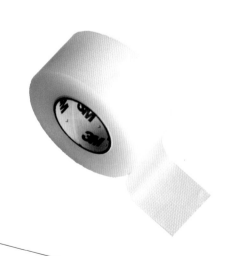

雙眼皮貼（3M）

工具組

眉筆

修容餅

## 整體結構探討

新娘的身材條件各有不同，在設計造型時，必須依照新娘的條件，遮掩缺點、放大優點，讓每位新娘散發出獨一無二的美。以下將由頭部、臉型與身形結構來分析，為不同外型條件的新娘設計時應掌握的要點。

## 頭部解析

### 1/ 頭型種類

頭型、頸型與髮型的搭配，需要有頭型大小的比率，而頸型的長、短、寬、窄等因素要配合髮流的走向，才能創造出完美的髮型設計。

成人的頭型大致可分為以下四種，如下表所示：

▌ 表 2-1　四種常見頭型

| 頭型 | | 說明 |
|---|---|---|
| 雞蛋頭 | | 就像雞蛋一樣有漂亮的弧度，這種頭型是最完美的，可嘗試任何髮型。 |
| 直角頭 | | 頭型為垂直，後面沒有弧度，完全是扁平的。利用頭髮做出有蓬度的弧形，塑造視覺上的完美頭型。 |

| 頭型 | | 說明 |
|---|---|---|
| 斜角頭 | 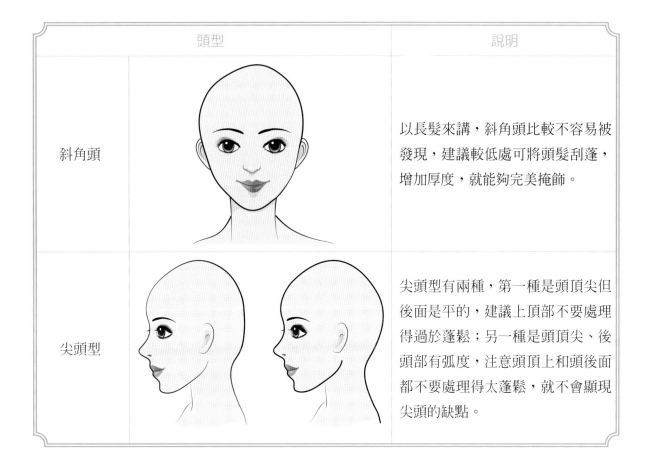 | 以長髮來講，斜角頭比較不容易被發現，建議較低處可將頭髮刮蓬，增加厚度，就能夠完美掩飾。 |
| 尖頭型 | | 尖頭型有兩種，第一種是頭頂尖但後面是平的，建議上頂部不要處理得過於蓬鬆；另一種是頭頂尖、後頭部有弧度，注意頭頂上和頭後面都不要處理得太蓬鬆，就不會顯現尖頭的缺點。 |

## 2/ 頭部基準點

髮型的構成與頭部基準點、分區線有絕對的相關性。線是由點與點的連接而成，再由面演變為型，所以點在頭部的分布極為重要。基準點共有 15 個，我們可分為正面基準點、側面基準點、後面基準點三個不同角度來看 15 個基準點的分布，其分布位置如下：

(1) 正面基準點

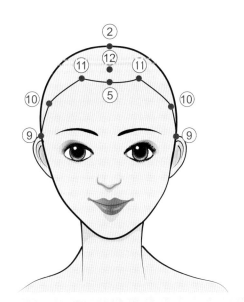

(2) 側面基準點

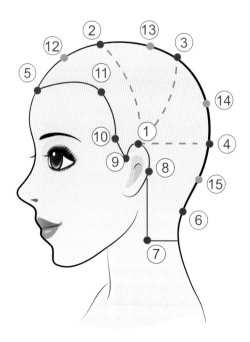

(3) 後面基準點

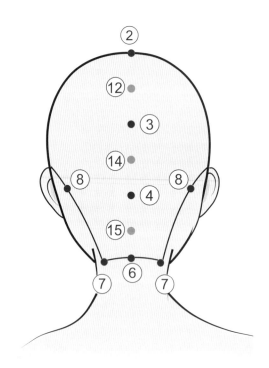

▌表 2-2　頭部黃金 15 點

| 號數 | 中文 | 英文 | 縮寫 | 位置 |
|---|---|---|---|---|
| 1 | 耳上點〈左、右〉 | Ear Point | E.P | 耳朵上方 1/2 處 |
| 2 | 頂部點 | Top Point | T.P | 耳上點往上垂直線處為頭部最高點 |
| 3 | 黃金點 | Golden Point | G.P | 耳上點往上 45° 斜線處 |
| 4 | 後部點 | Back Point | B.P | 耳上點水平衡線處 |
| 5 | 中心點 | Central Point | C.P | 正面髮際 1/2 處 |
| 6 | 頸背點 | Neck Point | N.P | 後面髮際 1/2 處 |
| 7 | 頸側點〈左、右〉 | Neck Side Point | N.S.P | 後面髮際側邊處 |
| 8 | 耳後點〈左、右〉 | Ear Back Point | E.B.P | 耳朵後方處 |
| 9 | 側角點〈左、右〉 | Side Corner Point | S.C.P | 鬢角處 |
| 10 | 側部點〈左、右〉 | Side Point | S.P | 正面髮際尖角突出處，約在太陽穴上方 |
| 11 | 前側點〈左、右〉 | Front Side Point | F.S.P | 眉毛長度 2/3 往上直線處 |
| 12 | 中心與頭頂間基準點 | Central Top Middle Point | C.T.M.P | 中心點與頭頂點 1/2 處 |
| 13 | 頭頂與黃金間基準點 | Top Golden Middle Point | T.G.M.P | 頭頂點與黃金點 1/2 處 |
| 14 | 黃金與後腦間基準點 | Golden Back Middle Point | G.B.M.P | 黃金點與後腦點 1/2 處 |
| 15 | 後腦與頸背間基準點 | Back Neck Middle Point | B.N.M.P | 後腦點與頸背點 1/2 處 |

## 3/ 頭部分區線

　　人體頭部共有七條分區線，可分為正中線、側中線、水平線、U 字線、臉際線、頸側線、後頸線七條。這七條分區線與髮型的塑型有密切的關係，詳細分析如下：

(1) 正中線（Front Central Line）：

正中線主要是控制頭髮左右的髮量，由中心點經頭頂點、黃金點、後部點至頸背點做一垂直線。

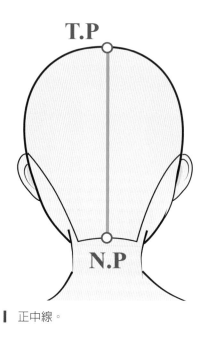

| 正中線。

(2) 側中線（Side Central Line）：

梳新娘髮型最常用到的分區線，主要是控制頭部的前、後髮量，通常前面髮量以瀏海的設計爲主，決定髮型的主要視覺關鍵。位置以耳上點爲基準，連接頂部點呈一條垂直線。

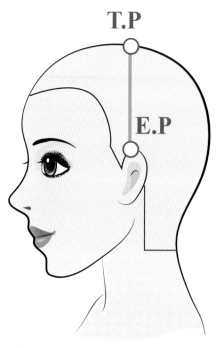

| 側中線。

(3) 水平線（Horizontal Line）：

多以後座式髮型為主，水平線以耳上點為基準，往水平處做一條橫線，以便控制頭部上下的髮量，風格較為典雅。

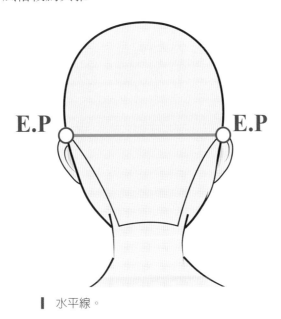

▎ 水平線。

(4) U 字線（U Line）：

主要控制 U 字型區域的髮量，此區域髮型設計上風格較強烈，位於黃金點至前側點 U 型的連接。

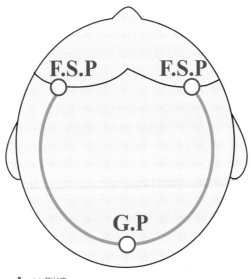

▎ U 型線。

(5) 頸側線（Neck Side Line）：
　　控制後側部髮緣設計，常應用在編髮造型。

(6) 後頸線（Back Central Line）：
　　主要在控制頭部後面髮緣的設計，位於左頸側點至右頸側點。

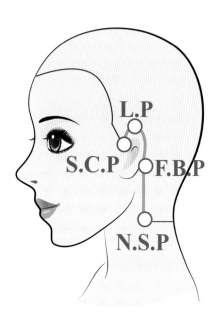

┃ 頸側線。

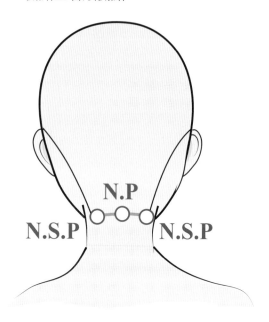

┃ 後頸線。

(7) 臉際線（Face Hair Line）：
　　主要控制髮型瀏海的塑造，主導髮型的風格。

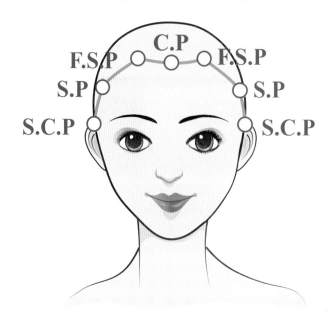

┃ 臉際線。

## 臉部分析

要了解各種臉型之前,必須先清楚知道標準臉型的比例與定義,才能做出專業的判定,協助新娘子完成合適又完美的妝容與造型。

# 1/ 臉型定義與位置分佈

臉型是一個人容貌中最基礎的部位,在眾多臉型中,瓜子臉是最接近完美的臉型。瓜子臉上部略圓,下部略尖,似瓜子型,俗稱為「鵝蛋臉」,可說是中國美女臉型的標準。

臉部的定義是指,由覆蓋在面部骨骼表面之面部肌肉所形成的外觀。臉的審美,主要是指臉部五官的比例是否協調。中國古代畫家在畫人像時總結出來的「三庭五眼」,即定義了面部的標準比例。臉部五官的位置是相對的比例關係,所謂的「三庭」是指將面部縱向分為三個部分:上庭、中庭、下庭;上庭是指從髮際線至眉線,中庭是從眉線至鼻底線,下庭指從鼻底線至頦底線。「五眼」則是以自己一隻眼睛的長度為衡量單位,在面部橫向分5等份;「三點一線」是指眉頭、內眼角、鼻翼三點構成一條垂直的直線。

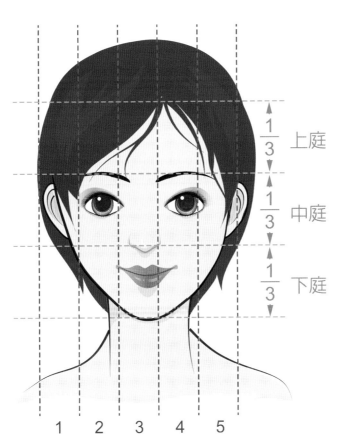

$\frac{1}{3}$ 上庭

$\frac{1}{3}$ 中庭

$\frac{1}{3}$ 下庭

1 2 3 4 5

▌ 臉部比例圖:三庭五眼。

# 2/ 臉型種類與修飾

　　一般臉型可分為方型、圓型、長型、倒三角型、菱型五種，在成長過程中會受到外在因素影響，產生臉型上的變化，如：瘦身成功即從較豐腴的圓臉型轉變成倒三角型臉，或是因為飲食、生產、遇到讓自己身心受創的事情而改變。接下來將分析每種臉型的特色與修飾的重點：

| 方型臉 | 特點是下頜咬肌比較明顯，造成下頜的線條非常明顯清晰。女生擁有這種臉型顯得線條過於硬挺，讓人無法接近，而且方型下頜不美觀，即使身材削瘦也容易顯得臉大。臉型代表人物：安潔莉娜裘莉、舒淇、王菲。 | 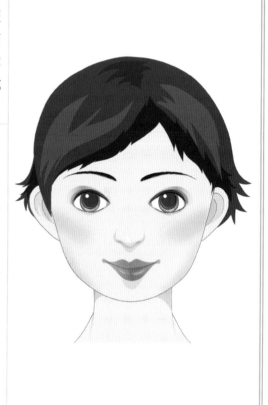 |
| --- | --- | --- |
| | 彩妝修飾技巧：<br>(1) 眉峰不可帶有角度，而呈月弧度，髮鬢拉長。<br>(2) 單眼皮需加粗眼線，上眼線平拉出眼尾。<br>(3) 以咖啡色系之深淺眼影做漸層。<br>(4) 唇峰不可帶角度，唇型以豐滿為原則。<br>(5) 腮紅略帶狹長型，修飾其角度，達到視覺上狹長之效果。<br>(6) 上額、下額，四個角以深色修容餅修飾。 | |

| 圓型臉 | 又稱娃娃臉，這種臉型永遠不顯老，缺點是無論從哪個角度都顯得孩子氣、不成熟，很難讓人產生信任感。臉型代表人物：大 S、陳妍希。<br><br>彩妝修飾技巧：<br>(1) 眉峰稍帶角度。<br>(2) 若為浮腫眼型，眼線亦可加粗平平拉出。<br>(3) 以深色修飾其眼型。<br>(4) 唇峰必帶角度，可修飾圓型臉之缺憾。<br>(5) 腮紅以斜向方式由頰骨刷至嘴角，拉長臉的長度。<br>(6) 耳中至下顎以暗色修飾，上額、下巴以淺色修飾。 |  |
| --- | --- | --- |
| 長型臉 | 長型臉的人，特點是臉型長，臉型曲線柔和，沉穩、成熟。但缺點是缺乏生機，雖然五官典雅，但有些死氣沉沉。臉型代表人物：李嘉欣、陳慧珊、李玟。<br><br>彩妝修飾技巧：<br>(1) 眉要直，可以感覺臉型變短一點。<br>(2) 若為下垂眼型，眼線要畫上揚，把眼型拉回來，感覺上較精神。<br>(3) 眼尾眼影要用深色系。<br>(4) 唇峰要平，下唇要豐滿。<br>(5) 腮紅橫著刷，可縮短其臉型。<br>(6) 上額、下巴以深色修容縮短長度，兩頰以淺色修容增加寬度。 |  |

| | | |
|---|---|---|
| 倒三角型臉 | 逆三角形臉給人的感覺比較秀氣、文雅，惹人憐愛。缺點是面部線條不夠豐滿，雖然顯瘦，但上妝不當也會顯得過分妖媚，不夠得體。臉型代表人物：范冰冰、Angelababy。 |  |
| | 彩妝修飾技巧：<br>(1) 眉尾與眼尾齊，不可太長。<br>(2) 若為上揚眼型，上眼線要往下拉出眼尾一點點，下眼線則平直，可把上揚眼型拉回來。<br>(3) 眼影繪製可眼頭深、眼尾淺（紫、粉色系、或暖色系）。<br>(4) 上唇宜尖薄，下唇呈船型。<br>(5) 上額寬以深色修容，下顎瘦以明色修飾。 | |

| | | |
|---|---|---|
| 菱型臉 | 菱形臉因顴骨明顯、臉頰削瘦，假如膚色不好，給人看上去會有病懨懨的感覺。臉型代表人物：林志玲、侯佩岑。 |  |
| | 彩妝修飾技巧：<br>(1) 眉要平直，眉尾不可拉太長。<br>(2) 眼線要細長，眼影適合較亮的粉色系。<br>(3) 上唇要平穩，下唇要飽滿。<br>(4) 腮紅往顴骨最高處刷。<br>(5) 上額、下顎兩側較窄處以明色潤飾。 | |

## 體型與禮服的挑選

　　市面上琳瑯滿目的婚紗總是讓新娘無法下決定，這時候身為新娘秘書一職的妳，可提供專業的建議，從中協助尋找適合體型特色的婚紗，才能使新娘展現出個人風采。

### 高瘦型

　　A-LINE 款型能展現修長身型，表現出具有氣質的美感。

　　不宜挑選過於俐落的剪裁設計，領口處避免深 V 的款式，因為在視覺上會顯得臉與身型過長、生硬。

**嬌小型**

　　高腰剪裁為最佳選擇，上圍可以平口、無袖款式為主，將雙手展露出來延長身型。避免過長、太澎或過於複雜的款式。

**圓潤型**

　　大 V、U 領能使頸部拉長，有修飾效果，在飾品配件上可配戴較大型的款式轉移視覺焦點。不適合款式複雜、色彩太鮮豔、領口窄小的設計。

### 壯碩型

　　禮服裙襬以 A-LINE 款型爲佳，可延長身形。材質硬挺、上半身馬甲款式，以及兩截式設計都很適宜。

　　布料不夠硬挺或太柔軟的材質都會讓身型顯露缺點。

### 纖瘦型

　　禮服款式在剪裁設計上以柔和的圓弧型爲主，上半身以高領爲佳，修飾效果加分。削肩、斜肩、露背款式皆不適合，飾品以簡單大方爲主，不宜過大或過多。

**下半身較胖型**

　　適合 A-LINE、寬澎裙設計的禮服
款式。過於緊身、布料較貼的款式不適
合，易展露缺點。

**上半身較胖型**

　　適合低胸、細肩禮服款式，不適合
高領或過於緊身的禮服。

**上半身較短型**

　　以低腰的 A-LINE 款型禮服平衡下半身的比例，有修飾效果。應避免領口過於窄小的禮服。

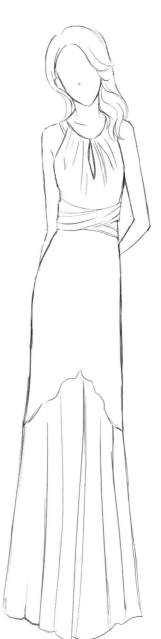

**下半身較短型**

　　以高腰設計爲佳，能拉長身型的比例，使視覺上的比例更完美。

　　不適合太長或長拖襬款式的裙襬。

**胸部較小型**

　　在上圍處可以縐褶、花邊、立體或多層次的重點配飾設計為主，增加上圍的視覺感。避免一字領平口禮服。

**胸部較豐滿型**

　　以平口的一字領、馬甲禮服最為合適，線條設計應避免複雜，領口處不宜過多設計。

**腰細型**

　　適合兩件式馬甲款型禮服，上身合身，下半部蓬感可強調腰身。

　　臀部處避免過於誇張的複雜設計。

**腰粗型**

　　禮服挑選以直筒、A-LINE 或上半身造型較多的設計，將視覺轉移以達到修飾效果。避免過於合身的婚紗。

**下臀較大型**

　　選擇 A-LINE 或裙襬較大的禮服，才能修飾下臀、展露曲線。布料不宜過貼，避免柔軟的質地。

**手臂細型**

　　以硬挺的材質如：蕾絲、紗質的禮服為佳，雙手亦可配戴長手套，增加份量感。不宜削肩設計的婚紗。

**手臂粗型**

　　盡量以有袖帶蕾絲款式的婚紗為主，若無袖的禮服可選平口、馬甲式，搭配披肩或長頭紗以達修飾效果。避免墊肩或澎澎袖設計。

肩膀窄型
　　考慮韓式公主袖禮服，增加兩肩份量，不宜挑選細肩款式。

肩膀寬型
　　建議以露肩或 V 領設計婚紗為主，避免細肩款禮服。

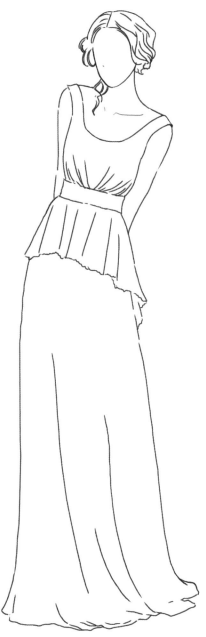

### 方形臉

以有弧度的 U 領禮服為佳，增加柔和感，身上的配件或飾品不宜過小。

### 脖子較長型

建議挑選高領或於脖子處有造型設計的婚紗，可平衡頸部線條，讓線條更加柔和。避免前胸 U、V 領的設計，會使頸部線條更明顯。

脖子較短型

　　以 U、V 領的婚紗設計為佳，會使頸部線條延伸，讓比例更完美。不適合高領禮服，過多、過大的配件也應避免，會讓脖子看起來更短。

# Chapter 3

# 主題式婚禮造型

妝前素顏照。

1/ 上粉底前，先局部使用飾底乳做修飾；再選用近膚色1～2度色打底，完成底妝。

2/ 若眼型偏浮腫、內雙或單眼皮者可事先挑選粗根的假睫毛黏貼，也可於素顏時（未擦拭保養品前），將剪好的雙眼皮貼貼於適當位置將眼型作調整，再擦拭保養品和上妝。

3/ 粉底完成後，挑選適宜的蜜粉做底妝的定妝，尤其在眼尾處、鼻翼兩側需多加強，按壓蜜粉時盡量以「壓彈」的手法將蜜粉確實地定於肌膚。

4/ 兩眼先以香檳金的眼影打底，再以眼線膠筆在睫毛根部畫上眼線，由眼尾往眼頭描繪，視新娘的眼型條件調整粗細度。

5/ 將眼線膠筆於下眼瞼處畫上下眼線，再運用眼影刷輕輕帶過，避免線條過度生硬。

6/ 使用深色眼影如：黑、灰黑、咖啡黑、藍黑、靛色等，連同上眼線推開呈自然的漸層感，並將下眼線線條勻開，宛如下眼影般。

7/ 選用透明根的下睫毛黏貼，若想要再加強妝感，也可使用黑根的下睫毛美化眼型。

8/ 依照臉型比例調整眉型，運用眉粉刷飾，眉尾處也可使用眉筆描繪增加立體感，最後利用半乾的睫毛膏所剩餘的纖維刷於眉毛處，可增添眉毛的密度與立體感。

9/ 使用香檳金眼影點壓於上、下眼瞼前端，強化眼神。

10/ 亞洲女性或有局部
色素斑點者較適合
挑選橘色系的腮
紅，若膚色偏健康
或黃偏白，建議腮
紅的修容可以「橘
＋粉」做修飾。

11/ 上唇色前可先使用
護唇膏打底。脣膏
的密度與油脂含量
較高，唇蜜的油脂
密度相對較低，但
含水量高於唇膏，
可視唇部狀況或想
呈現的效果而定。

新祕技巧
若嘴唇過於乾燥或呈現乾
裂狀態，可先使用凡士林
做即時的修護再上色。

臉部彩妝完成圖

1/ 定出中心線。

2/ 先將頭髮分為三區。

3/ 從左側第一區分區處取約3cm髮片，於底部處刮髮，重複數片，皆刮髮3～5cm。

4/ 以不破壞底部的蓬度為主，將髮束的表面梳亮。

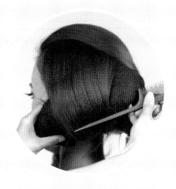

5/ 將塑型好的髮棉放於髮束下方做好基底。

6/ 第三區操作同步驟3～5，第一和第三區兩側成型後，將座落於後頸部位置。

7/ 取第二區髮束，重複
步驟 3、4 作刮髮，
預留瀏海髮束。

8/ 將髮束以兩股扭轉方
式旋轉。

9/ 髮束扭轉至髮尾處，
作抽絲的動作。

10/ 將兩股扭轉的髮束
再分左右撕開固
定，並調整撕開髮
束線條。

11/ 髮尾剩餘髮絲，重
複兩股扭轉抽絲固
定。

12/ 將固定好的髮束由
左右兩邊撕開塑
型。

**13/** 調整撕開後的髮絲，呈層次感。

**14/** 以左右撕開的手法再調整線條感。

**15/** 前額處的瀏海一樣做兩股扭轉，髮尾處抽絲固定後，再撕開調整型體。

髮型完成圖

四季
峇里島
Bali

妝前素顏照。

1/ 上粉底前，先局部使用飾底乳做修飾，再選用近膚色 1～2 度色粉底，完成底妝，避免膚色偏白。

2/ 如果先裝假睫毛，建議上粉底時可運用粉底刷，次要再使用海綿以「輕彈」方式將粉底注入皮膚，可避免脫妝現象。

3/ 粉底完成後，挑選適宜的蜜粉做底妝的定妝，按壓蜜粉時盡量以「壓彈」的手法將蜜粉確實地定於肌膚，尤其在眼尾處、鼻翼兩側需多加強。

4/ 選用暖色調帶珠光的金色眼影粉在眼窩處打底。

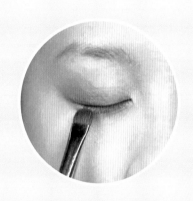

5/ 打完底後選用不帶珠光的橘色系眼影，於眼窩 2/3 處自然刷出漸層感。

6/ 於睫毛根部，運用眼線膠筆自然描繪出線條。

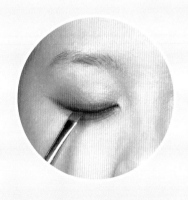

7/ 挑選乾淨的小號眼影刷，於剛剛描繪的眼線處自然往上刷開，增加眼彩的立體度。

8/ 需視眼型條件與需求效果，挑選合適的假睫毛於睫毛根部自然黏貼。黏貼假睫毛時須比照眼型的長度做修剪，通常以修剪眼尾為主。

9/ 亞洲女性或臉部有局部色素斑點者較適合挑選橘色系的腮紅，若膚色偏健康或黃偏白，建議腮紅的修容可以橘＋粉做修飾。

**10/** 使用睫毛膏將下睫毛刷出立體感,塑造出根根分明的效果。

**11/** 若唇色黯沉可利用粉底或是蓋斑膏矯正唇色再上唇彩。

**12/** 選用帶有白色的低彩度粉紅色唇彩,能增加唇部的柔嫩感。

臉部彩妝完成圖

新祕技巧

眼型偏單眼皮、內雙者,可先於素顏時(未擦拭保養品前),將剪好的雙眼皮貼貼於適當位置做調整,或事先挑選粗根的假睫毛黏貼。

1/ 將頭髮分為五區，第四區呈 V 字型。

2/ 將第四區髮束髮根刮蓬。

3/ 刮蓬後以扭轉方式固定。

4/ 將第五區左側邊髮束根部刮蓬。

5/ 刮蓬後單股扭轉至第四區固定。

6/ 第五區右側髮束操作方式同步驟 5。

7/ 再將第三區髮束刮蓬後以單股扭轉固定。

8/ 第一區髮束重複上一步驟操作。

9/ 再取髮片以空心捲內、外轉交錯操作。

10/ 將第二區髮束刮蓬，表面梳亮後，於前額處分為5：5分。

11/ 調整瀏海造型後予以固定。

髮型完成圖

# FASHION NEWYORK
# 時尚紐約潮

# 彩妝

妝前素顏照。

1/ 上粉底前，依照膚色挑選適宜的飾底乳做局部修飾，粉底以近膚色1～2度色打底，泛黃肌膚可選用偏粉紅色調的米色粉底，完成底妝。

2/ 利用黃色蓋斑膏為黑眼圈做調色的修飾，幫助修正膚色。

3/ 選用偏粉色系的米色蜜粉定妝，以「壓彈」的手法將蜜粉與粉底固定於肌膚上。

4/ 選用香檳金的眼影粉
以指壓方式打底，藉
由手的溫度與滑石粉
的油質融合一起。

5/ 使用眼線膠筆、眼線
筆、眼線膠或眼線液
繪畫眼線，可根據眼
型及塑造需求而定。

6/ 若是使用眼線膠筆、
眼線筆、眼線膠（眼
線液除外），可利用
小的眼影刷往上推
開，呈現自然的暈染
效果。

7/ 選用咖啡色眼影，於
眼窩處順著眼型畫上
C線條。

8/ 亦可先使用眉筆或眼
線筆先勾勒線條後，
再使用眼影刷刷開。

9/ 塑造出眼部自然的陰
影，增加立體感，單
眼皮或浮腫眼型也都
適合此種眼影畫法，
接著挑選交叉式粗根
假睫毛，黏貼於睫毛
根部。

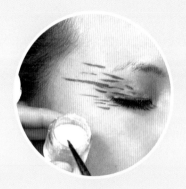

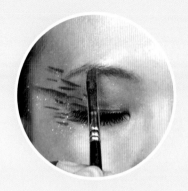

黏貼假睫毛時，應
視眼長修改假睫毛
長度，將眼頭和眼
尾處剪掉，確定假
睫毛兩端離內外眼
角約 2mm 距離會較
舒適，黏貼假睫毛
的順序為眼中→眼
頭→眼尾。

10/ 利用膏狀口紅或彩
繪顏料繪畫些許線
條，並添加白色珠
光亮粉；使用亮粉
前先噴上化妝水再
以口吹、點壓方式
上於臉部，最終用
定妝噴霧固定。

11/ 運用眉粉，視妝感
需求依照臉型比例
調整眉型。

臉部彩妝完成圖

1/ 將頭髮分成四區。

2/ 分區側面圖。

3/ 將後頸部髮束刮髮，
每次取髮約 3cm 髮
片，於底部處刮髮，
重複數片，刮髮後將
表面梳亮。

4/ 將塑型好的髮棉放於
髮束底處，做好基底
並固定。

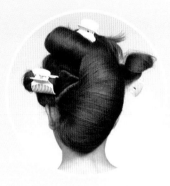

5/ 固定好的髮包。

6/ 將左側髮束作單股扭
轉固定。

7/ 將固定好的髮束，依
髮量分成 2 ～ 3 區。

8/ 刮髮增加髮根蓬度。

9/ 以兩股扭轉方式於髮
尾處抽絲。

10/ 重覆刮髮、扭轉、
抽絲步驟。

11/ 以空心捲概念調整
線條與層次感。

12/ 將黃金點髮束重複
刮髮步驟。

13/ 取髮片,運用空心
捲概念將髮束於 2/3
處固定。

14/ 剩餘尾部髮束再以
空心捲手法做固
定,須與前者呈現
層次感。

15/ 黃金點取髮片刮髮
後,以交叉手勢扭
轉。

16/ 將扭轉髮片固定。

17/ 將扭轉固定好的髮
片以輕撕手法拉出
層次感。

18/ 把中心點剩餘髮束
刮蓬以增加蓬度。

19/ 將髮片以兩股扭轉
方式拉至側頭部固
定。

20/ 另一側重複操作步
驟，並將瀏海底處
刮蓬，髮尾部扭轉
固定。

*Final*

髮型完成圖

妝前素顏照。

1/ 先做妝前修飾,再使用粉底刷將粉底刷於臉部,並用海綿將粉底以輕彈方式推勻,使妝容自然呈現。

2/ 將蜜粉沾勻上於臉部使之定妝。

3/ 挑選咖啡色眉筆或眼線筆,於雙眼眼窩處畫假雙線條。

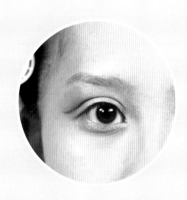

4/ 使用乾淨的眼影刷，
以空刷的方式將假雙
往上推開呈現自然陰
影，增加立體感。

5/ 選用黑色眼彩以輕壓
方式疊於眼睛根部與
假雙處。

6/ 使用眼線筆或眼線膠
筆，描繪出自然眼線。

7/ 將香檳金色的眼影上
於眼中，再黏上假睫
毛。

8/ 將粉、橘兩色腮紅均
勻刷於雙頰處，並選
用淺色粉餅於 T 字處
打亮修飾，強化臉部
的深邃度。

9/ 選用桃色系列唇彩增
加傲人氣色。

臉部彩妝完成圖

上唇彩前可先擦潤唇膏，以挑選天然精油調製而成的為佳，能快速撫平唇紋改善乾裂紅腫現象。

1/ 將頭髮分為四大區。

2/ 將後頭部區域的髮束梳亮，並噴上髮品定型。

3/ 將此區的頭髮綁上馬尾固定。

4/ 綁好的馬尾於後頸處利用梳子挑出適當的弧度。

5/ 在馬尾上挑出一片髮束，寬約 0.5cm，長約 2cm，於髮束根部處刮蓬，並將表面梳亮以空心捲方式固定，須留些許髮尾。重複挑出髮片製作空心捲步驟。

6/ 將頭部二側髮束以單股扭轉手法，固定於後部髮束處。

7/ 將髮束根部刮蓬。

8/ 將髮束上些許亮油並梳亮表面。

9/ 重複空心捲手法預留些許髮尾固定。

10/ 上頭部重複空心捲手法操作。

11/ 重複上步驟並抓出髮流線條。

12/ 將固定好的空心捲以「撕開」的方式，將頭髮左右拉開調整線條。

13/ 調整空心捲的大小與層次感。

14/ 髮尾處以單股扭轉抽絲塑型。

15/ 髮尾處噴上造型品定型。

16/ 調整髮流和線條。　　17/ 髮型完成正側面
　　　　　　　　　　　　　　圖。

髮型完成圖

# 絕色上海風 2

# 彩妝

素顏照

1/ 先做妝前修飾，接著
使用粉底刷將粉底刷
於臉部，並運用海綿
將粉底以輕彈方式推
勻，使妝容自然呈現；
再選用蜜粉按壓或兩
用粉餅定妝，避免過
度乾燥脫妝。

2/ 選用白色珠光眼彩作
打底。

3/ 以眼線膠筆在睫毛根
部畫上眼線，由眼尾
往眼頭描繪，視新娘
的眼型條件調整線條
粗細。

4/ 將繪畫好的眼線，使用乾淨的眼影刷以空刷的方式推開，呈現漸層眼影感。

5/ 依照臉型比例調整眉型，運用眉粉刷飾。

6/ 眉尾處可使用眉筆描繪，最後利用半乾睫毛膏所剩餘的纖維刷於眉毛處，可增添眉毛的密度與立體感。

7/ 選用不帶珠光的橘色眼彩。

8/ 以疊色方式將眼彩上於眼睛 2/3 處。

9/ 選用不帶珠光且高明度的黃色眼彩。

10/ 以疊色方式將眼彩上於眼睛眼頭 1/3 處。

11/ 眼頭處使用白色珠光眼影，加強眼睛張力。

12/ 下眼瞼也刷上白色珠光眼影，使雙眼更加深邃有神。

有色素斑點困擾的肌膚問題，建議使用橘色系腮紅，因為橘色系腮紅與斑點為同一色相通常斑點呈褐色、咖啡色，故在視覺上能模糊焦點，以達到淡化的效果。

**13/** 東方女性腮紅的修容可以「橘＋粉」做修飾，皮膚偏白皙可使用粉色系，若黃偏白、黃或黃偏黑的肌膚色澤者，以橘色修容最為恰當。

**14/** 選用不帶珠光的粉色系唇彩增添氣質感。

臉部彩妝完成圖

1/ 將頭髮分成五區。

2/ 分區側面圖。

3/ 由第五區左側抓起一
束髮片。

4/ 將髮片均勻分成三等
分。

5/ 以三股加編方式操
作。

6/ 在抓取頭髮加編時需
注意取髮的均勻度。

7/ 持續三股加編步驟操
作。

8/ 抓髮時需注意角度和
力道,避免頭髮不夠
長。

9/ 編製於後頸部時弧度
要抓好,避免碰到肩
膀破壞成型。

10/ 收尾時利用刮梳，將髮尾處多次刮緊以茲固定。

11/ 將收尾好的髮尾利用毛夾做固定。

12/ 將編製好的三股加編做調整使寬度均勻，加強後頭部蓬度。

13/ 取第四區黃金點的髮束，利用刮梳將頭髮根部刮蓬。

14/ 刮蓬後以兩股扭轉方式編製收尾。

15/ 調整編製好的蓬度及線條。

16/ 將二、三區髮束梳開，並於根部處刮蓬。

17/ 將髮束平均分成四小束。

18/ 每小束髮以兩股扭轉編製。

19/ 髮尾處以抽絲收尾。

20/ 將抽絲好的髮束拉出花型固定。

21/ 再利用鴨嘴夾以指推方式推出 S 與 C 線條。

22/ 第一區髮束利用指推梳推出柔美紋路。

23/ 邊推邊利用定型噴霧和鴨嘴夾塑型。

*Final*

髮型完成圖

森林 Forest 叢演

妝前素顏照。

1/ 若肌膚黃偏白可選用
偏粉紅色調的米色粉
底較自然，也能襯托
出肌膚的光澤感，上
粉底前可視膚況挑選
飾底乳、蓋斑產品，
以完成底妝。

2/ 選用香檳金眼彩先打
底，再將藍色系眼彩
於眼睛 1/3 處重複疊
上，呈現自然的漸層
感。

3/ 運用眼線膠筆沿著睫
毛根部將眼線勾勒出
自然的線條，並以眼
影刷將眼線往上推
開，使眼線與眼彩呈
暈染的漸層效果。

4/ 挑選適宜眼型與造型
條件的假睫毛,在黏
貼前需先在假睫毛根
部處以左右來回的調
整方式增加彎曲度,
以符合眼型的弧度避
免脫落,可再使用眼
線液加強勾勒。

5/ 以眉粉或眉筆依照比
例繪畫眉型。再選用
白色遮瑕膏以筆刷後
端點壓於眼影處。

臉部彩妝完成圖

1/ 分成五大區塊。

2/ 側面分區圖。

3/ 由第三區取髮片刮蓬。

4/ 將刮蓬的髮片於 1/3 處扭轉固定。

5/ 將髮片以三股加編編至髮尾，取髮時須平均分配髮絲。

6/ 編髮過程須注意髮絲的線條並做調整，至髮尾時以刮梳收尾。

7/ 將收好的髮尾往內折，於後頸部以毛夾固定避免鬆脫。

8/ 將編好的前段髮絲以左右兩邊撕開。

9/ 第二區髮比照步驟 3～8 處理。

10/ 將第四區的髮束以單股扭轉抽絲，固定於側頭部。

11/ 剩餘髮絲共同以單股扭轉方式操作。

12/ 靠近臉部髮際線的第五區髮束，以兩股編操作。

13/ 至髮尾處扭轉抽絲，固定後再用撕髮方式調整線條，並以 U 型夾固定。

髮型完成圖

## 彩妝

妝前素顏照。

1/ 視膚色挑選合適的粉底顏色，以接近膚色 1~2 度最爲剛好，完成第一層底妝。

2/ 針對臉部膚色分部不均、痘痘與斑點狀況調出適宜的蓋斑顏色做遮瑕，使肌膚呈現完美狀態。

3/ 蜜粉可依照妝感呈現的效果挑選，除眼睛打亮或局部修飾外，全臉使用避免帶有珠光的蜜粉。

4/ 以銀色帶珠光眼彩打
底。

5/ 使用黃色彩繪顏料於
睫毛根部拉繪出自然
的線條，並於眼窩處
刷上黃色眼彩。

6/ 再使用綠色眼彩於後
眼尾 1/3 處畫上。

7/ 將綠色眼彩於下眼瞼
處輕刷帶過，呈現出
自然的下眼影。

8/ 挑選橘紅色不帶珠光
的眼彩，自然繪畫至
眉骨處，利用眉粉先
將眉毛自然刷色過，
再使用眉筆將眉流一
筆一筆梳畫上，宛如
羽毛的線條感。

9/ 黏貼假睫毛前需先將
睫毛根部處做弧度調
整，以增強黏附性。

10/ 將腮紅以橘色＋粉色勻稱地刷於顴骨處。

11/ 選用低明度、低彩度的藕色系唇彩描繪出美麗的唇型，唇珠處添加些許透明唇蜜使唇部增加立體感。

臉部彩妝完成圖

1/ 將頭髮分成五區。

2/ 將第三區黃金點後腦處以 U 型取髮片，單股扭轉後以毛夾固定做成基底，再加上毛毛蟲假髮固定。

3/ 放射狀取髮片，與假髮共同扭轉抽絲。

4/ 將第二、四、五區髮以單股扭轉固定於黃金點，與後頸部假髮連接。

5/ 將髮絲平均分配，扭轉固定。

6/ 第一區作兩股扭轉，尾部抽絲並塑型，調整線條與層次，宛如花朵般。

7/ 調整後頭部的髮絲並
以 U 型夾固定。

8/ 髮型側面，額頭處髮
流彷彿鳥禽的足。

9/ 髮型正面。

髮型完成圖

驚艷

巴洛克
Baroque

彩妝

妝前素顏照。

1/ 若膚色為黃偏白，可選用偏粉紅色調的米色粉底較自然，也能襯托出肌膚的光澤感。上粉底前可視膚況挑選飾底乳、蓋斑產品，以完成底妝。

2/ 可於下眼瞼處挑選偏黃色調的蓋斑膏做眼袋、黑眼圈修飾。

3/ 蜜粉以輕彈方式做按壓即可，避免用擦的手勢，減輕脫妝。

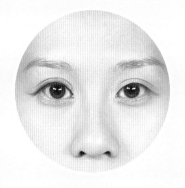

4/ 運用眼線膠筆延著睫毛根部,將眼線勾勒出自然的線條。

5/ 以眼影刷將眼線往上推開,使眼線與眼彩呈暈染的漸層效果。

6/ 眼線完成。

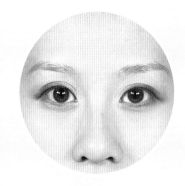

7/ 以香檳金眼彩打底。

8/ 選用咖啡色系眼彩於1/2處由眼尾刷向眼中,呈現自然妝感。

9/ 以白色與香檳色珠光眼彩點壓於眼頭處,加強雙眸明亮度。

10/ 在黏貼假睫毛前需先在假睫毛根部處以左右來回的調整方式增加彎曲度，以符合眼型的弧度避免脫落。

11/ 將腮紅自然地刷於兩頰處，可視新娘臉型、膚色調整顏色與修容技巧。

12/ 選用白色不帶珠光之修容餅做 T 字部位、下眼瞼、太陽穴處打亮，增強臉部立體度與氣色。

13/ 眉毛可利用半乾的睫毛膏，使眉毛更加濃密有型。

14/ 過乾燥或易脫皮的唇部，建議使用凡士林打底修護，挑選天然薰衣草精油潤唇膏，改善乾裂紅腫現象。

15/ 修護打底後再上唇彩增添誘人的氣色。

1/ 將頭髮分爲三區。

2/ 將第一區髮束綁成馬
尾固定。

3/ 第一區加上假髮片。

4/ 將假髮片上捲後固定
於第一區分髮線處。

5/ 將第二區髮束放下。

6/ 將第二區髮束綁成馬
尾,並加上假髮片固
定。

7/ 將裝好的假髮片一一
調整。

8/ 留下前額瀏海髮束,
將頂部點髮束的根部
刮蓬。

9/ 刮蓬後收尾固定。

10/ 從內向外逐步取髮片，刮蓬後以空心捲方式向內收固定。

11/ 重複取髮片→刮蓬→空心捲內收的步驟，於左右兩側分別留下一束髮。

12/ 取左邊側頭部留下髮束將根部刮蓬。

13/ 刮蓬後以單股扭轉＋抽絲做固定。

14/ 右邊側頭部取髮束將根部刮蓬。

15/ 刮蓬後將髮束作單股扭轉。

16/ 抽絲固定，微調兩側抽絲的捲度。

17/ 後頭部操作完成的右側邊。

18/ 後頭部操作完成的左側邊。

19/ 將第三區前額瀏海處頭髮刮蓬。

20/ 以三股加編操作。

21/ 最後髮尾處以抽絲塑型固定，並以左右撕開的手勢調整線條與蓬度。

髮型完成圖

彩妝

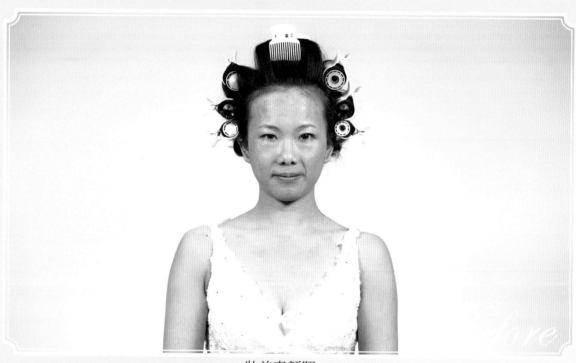

妝前素顏照。

1/ 底妝完成後使用白色
珠光眼彩打底。

2/ 利用眼線膠筆或眼線
筆描繪眼線，視新娘
眼型調整眼線寬度、
長度。

3/ 以空刷的方式推開描
繪好的眼線，呈現自
然的暈染效果。

4/ 畫下眼線，由下眼尾
描繪至下眼中即可，
眼尾粗、深，眼中呈
細、淡的自然線條。
若擔心線條生硬也可
使用眼影刷輕刷，使
線條更加柔和有神。

5/ 運用眉粉，依照臉型
比例將眉型做調整，
眉尾處可運用眉筆加
強立體度。

6/ 將腮紅自然刷於兩頰
處。運用粉底、蓋斑
膏做調色，將唇部打
底以矯正唇色，可營
造裸唇效果，再上些
許的透明唇蜜，以及
不帶珠光粉色唇彩，
達到嫩唇效果。

臉部彩妝完成圖

髮型

1/ 將頭髮分成五區。

2/ 將第五區頭髮全部刮
蓬。

3/ 加強髮根,使蓬度增
加。

4/ 刮蓬完成圖。

5/ 將毛毛蟲假髮固定於
分髮線上。

6/ 將刮好的頭髮順延毛
毛蟲的基底做包覆。

7/ 將頭髮表面梳亮。

8/ 靠近弧度部位須注意
角度的拿捏。

9/ 第四區重複刮髮動
作,置放髮棉。

10/ 將髮棉包覆固定，增加髮量與塑型。

11/ 固定後調整髮流與線條。

12/ 將左邊側中線第一區頭髮根部刮蓬。

13/ 刮蓬後將髮束分兩區，再將兩區髮束一起扭轉操作。

14/ 扭轉後至髮尾處以抽絲調整捲度再固定。

15/ 第三區操作同步驟12～14，完成後頭部造型。

16/ 將二、三區頭髮綁成馬尾。

17/ 將馬尾分成兩邊。

18/ 根部刮蓬後將髮棉包覆固定。

19/ 梳亮表面並加上定
型噴霧固定。

20/ 另一邊重複步驟操
作，呈心型形狀。

髮型完成圖

國家圖書館出版品預行編目資料

新娘秘書 : 婚俗與整體造型 / 徐沁怡, 梁湘雨著.
-- 二版 . -- [ 新北市 ] : 全華圖書股份有限公司,
2024.07

　　面 ;　　公分

　　ISBN 978-626-401-068-9( 平裝 )

　　1.CST: 婚紗業 2.CST: 造型藝術 3.CST: 婚禮

489.61　　　　　　　　　　　　　113009974

# 新娘秘書—婚俗與整體造型 ( 第二版 )

作　　　者 / 徐沁怡、梁湘雨
發 行 人 / 陳本源
執行編輯 / 蕭惠蘭
封面設計 / 盧怡瑄
出 版 者 / 全華圖書股份有限公司
郵政帳號 / 0100836-1 號
圖書編號 / 0821101
二版一刷 / 2024 年 7 月
定　　　價 / 新台幣 500 元
I S B N / 978-626-401-068-9（平裝）
I S B N / 978-626-401-071-9（PDF）
全華圖書 / www.chwa.com.tw
全華網路書店 Open Tech / www.opentech.com.tw
若您對書籍內容、排版印刷有任何問題，歡迎來信指導 book@chwa.com.tw

臺北總公司（北區營業處）
地址：23671 新北市土城區忠義路 21 號
電話：(02) 2262-5666
傳真：(02) 6637-3695、6637-3696

南區營業處
地址：80769 高雄市三民區應安街 12 號
電話：(07) 381-1377
傳真：(07) 862-5562

中區營業處
地址：40256 臺中市南區樹義一巷 26 號
電話：(04) 2261-8485
傳真：(04) 3600-9806（高中職）
　　　(04) 3601-8600（大專）

歡迎加入　**全華會員**

● **會員獨享**

　會員享購書折扣、紅利積點、生日禮金、不定期優惠活動⋯等。

● **如何加入會員**

　掃 QRcode 或填妥讀者回函卡直接傳真 (02) 2262-0900 或寄回，將由專人協助登入會員資料，待收到 E-MAIL 通知後即可成為會員。

**如何購買　全華書籍**

1. **網路購書**

　全華網路書店「http://www.opentech.com.tw」，加入會員購書更便利，並享有紅利積點回饋等各式優惠。

2. **實體門市**

　歡迎至全華門市（新北市土城區忠義路 21 號）或各大書局選購。

3. **來電訂購**

　(1) 訂購專線：(02) 2262-5666 轉 321-324
　(2) 傳真專線：(02) 6637-3696
　(3) 郵局劃撥（帳號：0100836-1　戶名：全華圖書股份有限公司）

　※ 購書未滿 990 元者，酌收運費 80 元。

**OpenTech.com.tw**
全華網路書店

全華網路書店 www.opentech.com.tw
E-mail: service@chwa.com.tw

※ 本會員制如有變更則以最新修訂制度為準，造成不便請見諒。

# 讀者回函卡

掃 QRcode 線上填寫 ▶▶▶

姓名：

生日：西元　　　年　　　月　　　日　　性別：□男 □女

電話：(　　)　　　手機：

e-mail：（必填）

註：數字零，請用 ⊘ 表示，數字 1 與英文 L 請另註明並書寫端正，謝謝。

通訊處：□□□□□

學歷：□高中・職 □專科 □大學 □碩士 □博士

職業：□工程師 □教師 □學生 □軍・公 □其他

學校/公司：　　　　　　　　科系/部門：

・需求書類：
□A. 電子 □B. 電機 □C. 資訊 □D. 機械 □E. 汽車 □F. 工管 □G. 土木 □H. 化工 □I. 設計
□J. 商管 □K. 日文 □L. 美容 □M. 休閒 □N. 餐飲 □O. 其他

・本次購買圖書為：　　　　　　　書號：

・您對本書的評價：
封面設計：□非常滿意 □滿意 □尚可 □需改善，請說明
內容表達：□非常滿意 □滿意 □尚可 □需改善，請說明
版面編排：□非常滿意 □滿意 □尚可 □需改善，請說明
印刷品質：□非常滿意 □滿意 □尚可 □需改善，請說明
書籍定價：□非常滿意 □滿意 □尚可 □需改善，請說明
整體評價：請說明

・您在何處購買本書？
□書局 □網路書店 □書展 □團購 □其他

・您購買本書的原因？（可複選）
□個人需要 □公司採購 □親友推薦 □老師指定用書 □其他

・您希望全華以何種方式提供出版訊息及特惠活動？
□電子報 □DM □廣告 （媒體名稱　　　　　　）

・您是否上過全華網路書店？ (www.opentech.com.tw)
□是 □否 您的建議

・您希望全華出版哪些書籍？

・您希望全華加強哪些服務？

感謝您提供寶貴意見，全華將秉持服務的熱忱，出版更多好書，以饗讀者。

填寫日期：　　/　　/

2020.09 修訂

---

親愛的讀者：

感謝您對全華圖書的支持與愛護，雖然我們很慎重的處理每一本書，但恐仍有疏漏之處，若您發現本書有任何錯誤，請填寫於勘誤表內寄回，我們將於再版時修正，您的批評與指教是我們進步的原動力，謝謝！

全華圖書 敬上

## 勘 誤 表

書號：　　　　書名：　　　　作者：

| 頁 數 | 行 數 | 錯誤或不當之詞句 | 建議修改之詞句 |
|---|---|---|---|
|  |  |  |  |
|  |  |  |  |
|  |  |  |  |
|  |  |  |  |
|  |  |  |  |
|  |  |  |  |

我有話要說：（其它之批評與建議，如封面、編排、內容、印刷品質等⋯⋯）

# 新 娘 秘 書
## 婚俗與整體造型

徐沁怡、梁湘雨　著

全華圖書股份有限公司